LO QUE LA GENTE ESTA COMENTANDO

"Siete Principios como. Un mapa para cualquier persona. En la industria de la construcción que esté buscando formas de crear más valor en su carrera. También hoy destaca la importancia de mantener una buena calidad de vida, que con demasiada frecuencia se pasa por alto. Mientras los mensajes son vitales, estos principios son significativos porque se expresan y explican a través de las historias de Henry. Henry Nutt es un constructor que ha recorrido el camino y ha vivido el viaje. Sus pruebas y tribulaciones, compartidas con franqueza y honestidad, resonarán en muchos constructores."

—Keyan Zandy, CEO Skiles Group y coautor de
The Lean Builder (El Constructor Esbelto)

"Siete Principios es una guía de recursos fenomenal que brinda conocimientos profundos, lecciones de vida y el impulso firme necesario para tener éxito en la construcción. Es una lectura tan poderosa en la que el Sr. Nutt se basa en décadas de experiencia y comparte muchas perlas de sabiduría, junto con su trayectoria profesional inspiradora para ayudar a otros en su trayectoria profesional en general. Este libro es esencial para que los profesionales de todos los niveles logren sus metas, la cantidad de experiencia, el nivel de educación y sin importar que trayectoria profesional."

—Dr. Giovanna Brasfield, CEO Brasfield & Associates

"El juego ha cambiado en nuestra industria en las últimas décadas. Al compartir la historia de Henry, su libro, *Siete Principios*, es un recurso maravilloso para CUALQUIER PERSONA que esté interesada en desarrollarse. Henry hace un trabajo fantástico al describir varios principios que ayudan a equipar al lector con la mentalidad correcta, las habilidades blandas y la determinación necesarias para ascender y prosperar en la industria de la construcción (o cualquier otra industria para el caso)."

—Joe Donarumo, VP-Field Operations Linbeck Group

7
SIETE
PRINCIPIOS

Creado Tu Éxito en la Industria
de la Construcción

HENRY NUTT III

KP PUBLISHING COMPANY

ISBN: 979-8-9857184-0-9 (Paperback)
ISBN: 979-8-9857184-1-6 (eBook)
Biblioteca del Congreso Numero de Control: 2022903064

Editor: Melanie James
Diseño Cubierta: Juan Roberts
Diseño Interior: Jennifer Houle
Director Literario: Sandra Slayton James
Traducción al Español: Patricia Canton

Publicado por:

KP Publishing Company
Publisher of Fiction, Nonfiction & Children's Books
Valencia, CA 91355
www.kp-pub.com
Printed in the United States of America

DEDICACIÓN

Rafael "Rafa" Palacios
1959–2019

Siete Principios está dedicado a "Rafa."
Gracias a él, las comunidades son mejores,
las personas pueden mantener a sus familias y fue
devuelto un sentido de orgullo y dignidad.

PREFACIO

1) Punto de partida = semilla
2) Busca un mentor
3) Rehúsa a ser una víctima
4) TRABAJA DURO
5) Ama lo que hagas
6) Aprende a seguir
7) Conoce la diferencia entre ser un pasivo y un activo

Una semana antes de que me pidieran que escribiera esto, estaba tratando de limpiar mi teléfono de fotos antiguas y encontré la imagen de arriba. Estaba borrando fotos muy rápido hasta que llegué a esta foto que tomé el 5 de abril de 2017. Me hizo detenerme por mucho tiempo y pensé: "No puedo borrar esto, es posible que lo necesite o pueda usarlo en mi próxima clase en CityBuild." No sabía que recibiría una llamada de Henry para pedirme que escribiera el prefacio.

Mi primera respuesta a la solicitud de Henry fue. "¿Estás seguro de que quieres que escriba esto? No soy escritor" (en mis interacciones con Henry a lo largo de los años, una cosa que aprendí sobre él es que cuando te habla, te habla con confianza y no solo en sí mismo, tienes la sensación de que él también cree en ti y, fiel a su estilo, expresó confianza en mi, que yo sentía y no podía decir que no.)

Un poco sobre mí, soy un hombre latino de 55 años nacido y criado en Brooklyn NY. Yo mismo soy un producto de los programas comunitarios: una vez abandoné la escuela secundaria, manejé las calles hasta que finalmente hice algunas de las cosas que Henry ha descrito en este libro. Entonces, hace más de 30 años que trabajo en varias comunidades desarrollando y ejecutando programas que ayudan a las personas a ser autosuficientes. Pasé los últimos 19 años desarrollando la fuerza laboral en el Área de la Bahía y los últimos 9 años trabajando para la ciudad y el condado de San Francisco administrando las operaciones diarias de la Academia de CityBuild, un programa de pre-aprendizaje diseñado para los residentes de San Francisco que quieren entrar en la industria de la construcción.

Henry ha estado viniendo a nuestro programa durante años con su equipo de Southland Industries hablando con nuestros alumnos sobre el campo de la construcción y cómo abordarlo para tener éxito y ha contratado a un buen número de nuestros graduados que tienen mucho éxito en la industria. La primera vez que lo escuché hablarle a la clase le dije "deberías escribir un libro" y me dijo que sí.

Lo que Henry describe para los aprendices es muy simple y directo, sin juegos, sin recetas secretas, sólo la pura verdad y consejos para cualquier persona que esté buscando hacer un cambio en su vida. Nuestros alumnos escuchan con mucha atención cuando habla y un gran número de ellos han tenido éxito en el campo de la construcción.

En mi opinión, este libro no es solo para personas que buscan tener éxito en la construcción, o contratistas, miembros de sindicatos, creo que es de ayuda para cualquiera que busque abrirse camino en cualquier industria. Definitivamente haré que esta lectura sea requerida en todas mis clases.

Chase Torres, Enlace de empleo
Oficina de Desarrollo Económico y Laboral
Ciudad y Condado de San Francisco

INDICE

INTRODUCCION

¿POR QUÉ SIETE PRINCIPIOS?

Fue hace aproximadamente diez o doce años, cuando junto con otros miembros de Southland Industries, comencé a dar conferencias a pequeños grupos de estudiantes en programas de pre-aprendizaje en el Área de la Bahía, siendo el primero el programa CityBuild ubicado en San Francisco, CA. Cuando fue mi turno de presentar, me encontré compartiendo mi historia personal repetidamente con un tema común de seis a siete principios que parecían relacionables, relevantes, atractivos e incluso transformadores. Algunas llegaron en forma de preguntas o luchas cotidianas que pude identificar y compartir con mi audiencia, sin importar sus antecedentes, circunstancias actuales o etnia. Tanto es así que incluso los instructores comenzaron a presentar mis Siete Principios cuando me acerqué a la plataforma para hablar. Se convirtieron en un mantra que ansiosamente deseaban escuchar y uno que yo esperaba compartir con cada nuevo estudiante.

¿Entonces, de qué se trata todo esto? ¿Cambiarán estos siete principios tu mundo? Considero que pueden y lo harán si los entiendes y los practicas con consistencia y la mentalidad adecuada los desafíos específicos que enfrentas con respecto a tu carrera y aspiraciones.

Mientras viajo dando conferencias en varias organizaciones sin fines de lucro y centros educativos y trabajando con organizaciones más grandes como AGC de América (Contratistas Generales Asociados) sobre la diversidad e inclusión en el lugar de trabajo, percibo algo nuevo pero familiar de cada audiencia. Ese algo es el enorme impulso que se está generando en todo el país para una fuerza laboral calificada, bien capacitada y preparada. Una fuerza laboral que necesita desesperadamente convertirse en parte de los equipos dinámicos existentes que diseñan y construyen estructuras extraordinarias en todo el país. A medida que la industria avanza en esta dirección, le corresponde a cada centro de capacitación, contratista o asociación que adquiera esta fuerza laboral debe reconocer la importancia de ampliar el grupo de talentos potenciales a personas de diversas etnias, géneros, orientación sexual y antecedentes religiosos. La Oficina de Estadísticas Laborales de EE. UU. informa que los afroamericanos representan sólo el 6% de la fuerza laboral de la construcción. Las mujeres representan sólo el 3% de los trabajadores artesanales, por lo que tenemos un problema. La buena noticia es que la solución está entrelazada con el problema real, lo que significa que no necesitamos ir muy lejos para descubrir la respuesta. Se trata de reconocer que la brecha que debemos llenar se encuentra dentro de esta demografía. A menos que comencemos a tomar medidas significativas para acceder a este grupo de talentos sin explotar, la industria de la construcción en su conjunto seguirá sufriendo debido a retrasos en los cronogramas de proyectos y una fuerza laboral exasperada que simplemente no podrá mantenerse al día. Ultimadamente, perdemos como país. Por lo que, actualmente nos encontramos en una encrucijada como industria, y el movimiento para rectificar la situación actual debió suceder ayer.

¿Qué es diferente hoy que hace aproximadamente treinta años? Un hecho es que la cantidad de trabajo que existe en comparación con la fuerza laboral actual disponible para realizar ha disminuido significativamente. Varios factores clave que contribuyen a esta deficiencia son la mínima exposición temprana a la industria entre los jóvenes, el reclutamiento deficiente, la falta de clases vocacionales en las escuelas y el escepticismo de los padres acerca de la construcción como una opción de carrera viable. Por lo tanto, debemos involucrar todos los recursos disponibles para crear asociaciones que cierren las brechas para capacitar y, en última instancia, contratar a estas personas hoy. "El desarrollo de la fuerza laboral resultará ser el mayor desafío para los contratistas de todo el mundo en los próximos diez años."—SMACNA Horizon 2013.

Incluso para mí, quería renunciar al comienzo de mi viaje como pre-aprendiz. Me pregunté: "¿Por qué me metí en este oficio? No me tratan justamente. Soy el primero en ser despedido, pero sé que estoy calificado." A menudo me preguntaba si simplemente estaba destinado a ser un tipo que trabajaba algunos meses al año porque no estaba conectado con los grupos correctos, no conocía a las personas adecuadas y, sí, a menudo pensaba que el color de piel era equivocado.

Incluso con eso, tan descarado como a veces, me negué a renunciar. Cuando era niño, tuve la suerte de ver a mi padre ir a trabajar todos los días como cantinero, hojalatero y, finalmente, dueño de su propia empresa de hojalatería. Debido a los grandes ejemplos que me transmitió y me enseñó a través de sus acciones, desarrollé una ética de trabajo que resultaría esencial para mi éxito final como trabajador de láminas de metal. No puedo decir que lo supiera en ese entonces, pero finalmente creo que todas las cosas funcionan juntas para bien. Aprendí que no se podía renunciar porque todo se complica.

No me malinterpretes; no hubo nada gratis. Por el contrario, el progreso requiere mucho trabajo y dedicación. Aun así, estaba agradecido por algunos hombres que conocí en el camino, además de mi padre. Me dieron charlas de ánimo y aliento en los momentos apropiados porque ciertamente sentí ganas de tirar la toalla en más de una ocasión.

Así que aquí estoy hoy, tratando de brindar el mismo consejo que me dio mi padre y varias otras personas respetadas durante mi viaje para convertirme en lo que soy hoy; un contratista con la mentalidad de tener éxito en cualquier cosa que elija hacer. Además, era fundamental adquirir una mentalidad de "renunciar no es una opción." Desarrollar una mentalidad de "puedo hacerlo" es un aspecto tan crítico del aprendizaje de las herramientas del oficio. Por lo tanto, escribí Siete principios para que pueda convertirse en su propia "charla de ánimo" personal y, con suerte, responder preguntas mientras está en camino de convertirse en el próximo líder (o lo que desee ser) en la industria de la construcción.

Aunque entiendo que no hay mucho que pueda reemplazar el trabajo duro, lo que la gente necesita es una oportunidad con un apoyo tangible y metas realistas y libres de sesgos. Este empleado potencial necesita la oportunidad de demostrar que tiene lo que se necesita para ayudar a una empresa a crecer y ser rentable, pero con demasiada frecuencia, es una oportunidad que rara vez se presenta. Como una base de buenos mentores, el apoyo familiar y mucha ambición es vital, sé que trabajar solo en esta línea de trabajo es un desafío debido a la dura competencia y los puestos limitados disponibles para los posibles solicitantes. Espero que este libro te sirva de guía y que los otros sistemas de apoyo de la comunidad se unan a ti para ayudarte a convertirte en lo mejor que puedes ser para una empresa y, en última instancia, obtener un empleo bien remunerado. No estoy afirmando que los Siete Principios sean la solución para toda la crisis laboral. Aun así, se identificará los componentes esenciales para desarrollar una fuerza laboral que sea sostenible, estable y digna de ser contratada. Continuaré creando asociaciones con agencias y organizaciones comprometidas que puedan trabajar incansablemente para brindar esto a la próxima generación de líderes de la construcción en todo el país.

Ahora bien, cuando digo que mi libro no es la solución, lo digo en serio. Pero estoy seguro de que tengo una historia relevante para compartir. Creo que mi historia será útil para otros.

Durante mis primeros años trabajando con algunos de los programas de pre-aprendizaje, contraté a alguien que creía ser un trabajador prometedor. Para su protección, lo llamaré Marcus. Como todos nosotros, Marcus tenía una historia. Su formación era, déjame decir, típica de alguien que crece sin muchas oportunidades o un hogar estable. Aun así, Marcus me impresionó porque parecía tener un buen corazón y solo necesitaba que alguien le diera una oportunidad. Además, estaba casado, tenía hijos y estaba comprometido con su familia, lo que siempre es un buen atributo cuando se busca un empleado dedicado. Después de un examen de rutina, decidimos darle a Marcus la oportunidad que quería y merecía, en mi opinión. Vino a trabajar, y todos lo amaron. Se presentó todos los días, a tiempo y con una actitud agradable, que podría agregar son características críticas de un empleado clave. No tuvo quejas de nadie. Poco a poco se estaba convirtiendo en el símbolo de lo que una agencia de pre-aprendizaje debería ejemplificar con su clientela.

Después de mucho trabajo arduo y estudio, Marcus finalmente aprobó el examen estatal de aprendiz y comenzó a cumplir su posición como aprendiz en Southland Industries. Trabajó en un gran proyecto durante varios meses cuando recibí una llamada sobre un posible robo que estaba ocurriendo en el proyecto. Desafortunadamente, el nombre de Marcus estaba involucrado, junto con otros empleados. Me decepcionó mucho la noticia, pero estaba decidido a poder comprender lo que había ocurrido para que nuestro equipo basara sus decisiones en hechos y no en rumores.

Una vez que mi capataz general y yo realizamos varias entrevistas y recibimos una confesión no provocada de uno de los perpetradores identificados, llegamos a la conclusión de que las historias eran ciertas con hechos probados. Como último esfuerzo para permitir que los culpables restantes (incluyendo a Marcus) tuvieran la oportunidad de ser honestos, los sentamos para compartir lo que sabíamos sobre lo ocurrido. En ese momento, ninguno de ellos estaba dispuesto a "delatarse" entre sí, pero teníamos hechos y los expresamos claramente. Desafortunadamente, se mantuvieron firmes con un sinfín de excusas y explicaciones, por lo que nos vimos obligados a despedirlos en ese momento.

Ese fue uno de los peores días de mi carrera como superintendente general porque Marcus se convirtió en una familia. Fue mi estrella en ascenso y un ejemplo tangible de cómo se ve cuando las empresas apoyan este tipo de programas y las personas que participan en ellos. Reflexioné sobre el día en que traje a Marcus a mi oficina y le dije que le daría una oportunidad y lo contrataría. Recuerdo lo agradecido que estaba cuando dijo: "Sr. Nutt, no te decepcionaré."

Ahora entiendo que nadie es perfecto, y en este negocio "cosas que dejan mal sabor pasan." Entonces, lo anoté como una lección aprendida (que dolió) para ambos lados y seguí adelante. Después de que todos partimos de ese acalorado intercambio, decidí conducir a casa en lugar de volver a la oficina. Para mi asombro, recibí una llamada telefónica inesperada de Marcus. Quería admitir lo que hizo con una sincera disculpa. Le agradecí su confesión y acepté su disculpa. Desafortunadamente, no iba a cambiar el resultado de su despido, pero me dio la oportunidad de compartir algunas palabras finales con Marcus y permitirle irse con un poco de dignidad y paz mental para mí. El resto es cosa del pasado, y ahora casi diez años después no he sabido nada de él.

Dicho esto, sigo creyendo en asociarme con programas que preparen a hombres y mujeres para ingresar a los oficios y, afortunadamente, he experimentado más éxitos que fracasos. Y como predico a mis equipos, si a veces no fallas, probablemente significa que no estás haciendo mucho. Esta falla en particular fortaleció nuestro proceso al identificar un punto ciego y corregirlo adecuadamente.

Entonces, mientras lees los Siete principios, presta mucha atención para que puedas identificar con qué principio o principios te puedes asociar. Por lo general, uno o dos que parecen causarte el piquetazo más agudo es el que debes reconocer como un punto de inicio. El viaje hacia tu destino como un profesional de la construcción productivo, seguro y solicitado dentro de esta industria debe comenzar con esto mente.

MI
TRAVESÍA

CAPITULO 1

Me gradué de la escuela secundaria en 1986, con la intención de convertirme en un ingeniero mecánico. No estaba seguro de qué industria específica quería seguir, pero asumí que lo resolvería en algún momento. Así que me fui al college, con planes de transferirme a una universidad de cuatro años después de transcurridos dos años. Trabajé en una tienda local por departamentos y estudiaba tiempo completo durante aproximadamente un año y medio cuando mi padre me propuso que tomara el examen para convertirme en un trabajador de láminas de metal. Lo confieso, era lo último que tenía en mente y estaba completamente lejos de lo que eran mis planes finales, o bueno eso creía. Como cualquier joven, tenía mis sueños y no estaba seguro de querer seguir los pasos de mi padre en los oficios, pero también era sabio para mi edad, a los diecinueve años sabía que no tenía nada que perder simplemente por tomar el examen.

Tomé el examen de ingreso de Trabajador en Hojas de Lamina en Laney College en Oakland, California, un paso que cambiaría para siempre el curso de mi carrera y mi vida, respectivamente. Me tomó algunas semanas obtener los resultados, pero una vez que me di cuenta de que había pasado la prueba, tuve que tomar algunas decisiones rápidamente sobre mis próximos pasos. Esto incluyó dejar la universidad, dejar mi trabajo actual en Macy's, y cambiando el flujo de mi rutina al que me había acostumbrado durante unos dieciocho meses.

Aunque no estaba dispuesto a dejar mi situación actual, reconocí que esta era una oportunidad de la que no podía simplemente dejar pasar. Entonces, con algunos buenos consejos de mi padre sobre lo que podría significar convertirse en un trabajador de hojas de lámina, di el paso y comencé a trabajar casi de inmediato.

Ojalá pudiera decirte que todo era color de rosa, pero estaba lejos de serlo. En mi primer día de trabajo, el dueño de la empresa me grita por usar la herramienta incorrecta para realizar una tarea específica en el taller. Mi capataz le dijo: "Dale un respiro; es su primer día." El dueño respondió: "¡No me importa si es su último día!." Ese fue mi rudo despertar a la dureza del oficio de hojas de lámina y muchos días más de frustración y la creencia de que este oficio no era para mí. En mi siguiente trabajo, trabajé en lo que ahora es la bien establecida Prisión de Santa Rita en Santa Rita, California. Estaba completamente despistado y no entendía el negocio.

4

Mientras instalaba jaulas de gran calibre alrededor de los conductos, mi capataz llamó a mi coordinador de aprendices para informarle que no estaba haciendo el corte con la instalación de la que era responsable, a pesar de que nadie me enseñó cómo instalarla correctamente como inexperto primer -año aprendiz. Estaba profundamente frustrado y listo para renunciar después de menos de un año de convertirme en aprendiz, pero luego me encontré con dos personas en diferentes momentos que realmente me alentaron a no rendirme. Tal vez lo vieron en mi rostro porque nunca había compartido mis verdaderos sentimientos con nadie sobre esto.

Afortunadamente, seguí su consejo y continué por el camino para convertirme en oficial. Rotaba cada seis meses, estructurado por el Comité Conjunto de Capacitación de Aprendices (JATC), y comenzaba a aprender sobre las muchas facetas del oficio. Descubrí que mi fuerte era trabajar en el campo porque disfrutaba estar al aire libre y trabajar en diferentes lugares. Finalmente comenzaba a sentir que las cosas estaban saliendo bien para mí. Entonces, como aprendiz de tercer año, roté a una de las tiendas más grandes en el Área de la Bahía en ese momento y permanecí allí hasta que me convertí en oficial.

Durante los siguientes años, trabajé esporádicamente a lo largo del año por un promedio de seis a ocho meses de empleo en algunas empresas. Me había desanimado y una vez más sentí que había cometido un error con mi elección de carrera. Entonces, después de que me despidieron nuevamente de otra compañía, decidí que era hora de hacer algunos cambios. Estaba recién casado y decidí, con algunos consejos de mi (ex) esposa, que era hora de dejar el oficio, conseguir un trabajo temporal y regresar a la escuela para seguir una carrera en consejería. Así que comencé a trabajar en un trabajo temporal ayudando a estudiantes en una escuela secundaria mientras tomaba cursos universitarios por la noche. Aunque era un trabajo estable y tenía una meta en mente, todavía había algo que no me satisfacía de la decisión tomada, pero continué durante ese período escolar.

Ahora, algunos de ustedes pueden pensar que estoy loco, y no sé qué creencias religiosas puedan tener, si es que tienen alguna, pero un día después del trabajo, durante mi viaje rutinario de BART de cincuenta minutos a casa, escuché una voz, que creo que era Dios tratando de decirme algo. Esa voz me hizo esta pregunta, que era: "¿Por qué dejaste el oficio después de haber concluido la capacitación de aprendiz?" Recibí formación durante casi cinco años y estuve a punto de abandonarla, pero reaccioné y me cuenta que no era momento de abandonarlo. Compartí la experiencia con mi esposa, y ella estuvo totalmente de acuerdo en que debía continuar trabajando en el oficio de láminas de metal. Ese momento resultó ser el próximo capítulo de mi futuro, no solo como trabajador de láminas de metal, sino también como profesional de construcción.

Empecé a buscar trabajo en el Área de la Bahía durante varios meses sin éxito, pero estaba determinado para no me rendirme. La gente se reía de mí cuando salía de los proyectos tratando de encontrar trabajo. Finalmente, una mañana, mientras estaba en casa, recibí una llamada de mi representante sindical sobre un trabajo. No solo me dio tres opciones de dónde podía trabajar, sino que el solo hecho de que me llamara a casa fue una confirmación de mi experiencia con la voz audible.

Elegí un trabajo en una empresa bien establecida y me fui, enviado a un gran contratista mecánico que reiniciaba mi carrera en una semana laboral de seis días, 12 horas al día. La mayoría de las cosas eran iguales, pero durante mi ausencia de un año, aprendí algo nuevo que creo que fue clave para mi éxito y longevidad como líder en el trabajo de hojas de láminas de metal.

Tenía que creer en mí mismo, recordar tomar la iniciativa y compartir mis ideas sobre el enfoque que mi equipo le da a un proyecto, incluso cuando me sentía intimidado. Mi intimidación procedía principalmente de estar rodeado de hombres blancos y mayores con décadas de experiencia. No tenía confianza en mí mismo, siempre estaba esperando que alguien más decidiera, y nunca compartía mis ideas, incluso en los momentos que sentía que eran mejores o mínimamente válidas. Esa actitud resultó ser la receta perfecta para un profesional de la construcción mediocre, pero el nuevo y mejorado Henry estaba aquí ahora. Listo y dispuesto a asumir lo que se me presentara. En ese momento, no tenía idea de lo que me esperaba, pero ¿quién lo sabe?

En mi primer día, estaba un poco oxidado, pero volví al ritmo de las cosas rápidamente, como andar en bicicleta. Trabajar en hacer crecer mi reputación era mi objetivo; trabajar duro y mantenerme fiel a mis nuevas ideas acerca de ser un mejor trabajador de hojalatería era la forma en que lo lograría. Recuerdo uno de mis primeros trabajos, mi capataz me encargó una tarea, pero no estaba completamente listo para mostrarme todo, así que esperé afuera por un minuto y me di cuenta, "ese era mi momento." Entonces, en lugar de esperar a que regresara con instrucciones sobre un trabajo razonablemente obvio, tomé la iniciativa, hice algunas suposiciones razonables y comencé a abordar el trabajo. Una vez que regreso y me vio trabajando, sus únicos comentarios fueron: "Oh, veo que tengo un líder en mis manos." ¡Para mí, eso fue todo, salir y arriesgarme con confianza en mi habilidad! Efectivamente el resto es historia, al menos con esta empresa.

Trabajé para Michael, mi capataz general, durante más de siete años y eventualmente fui ascendido capataz mientras me iniciaba en nuevos roles de liderazgo, lo que resultó ser la base para lo que aún estaba por venir. Después de que finalmente terminó mi mandato con Mike, me mudé a otro lugar de trabajo con un nuevo capataz general llamado Raúl. Había dirigido algunos de los proyectos más importantes durante los últimos 25 años hasta ese momento. No nos conocíamos, pero yo estaba más que listo para el desafío. Me hizo desempeñar un trabajo razonablemente pequeño, que parecía una prueba. Lo que pensó que tomaría dos días, lo completé en un solo *día*.

Quedó dos grandes edificios nuevos. Admito que estaba un poco nervioso, pero le dije que me diera un día para pensarlo y que le daría una respuesta al día siguiente. Entonces, fui a casa, hablé con mi (ex) esposa al respecto y regresé al día siguiente listo para aprovechar esta nueva oportunidad.

Yo era el capataz más nuevo de tres en su equipo. Trabajé duro todos los días y me comprometí a crecer y aprender aún más. Adelantamos unos años más, yo era el último capataz de su equipo y supervisé todos los proyectos diversos que heredó. Me convertí en su persona "de confianza." Eventualmente, Raúl fue ascendido a superintendente general y yo heredé su área. Estuve a cargo de toda la construcción de láminas de metal en el sur de San Francisco y partes del Área de la Bahía durante varios años. Tuve varios trabajos en estas áreas con un equipo relativamente grande. Fueron momentos divertidos y emocionantes.

Eventualmente, fui ascendido a capataz general, lo que requería tareas complejas que incluían realizar estimados para proyectos, adquisición de materiales, la gestión de la mano de obra, la coordinación con otros oficios y la interacción con nuestros clientes, y así mismo garantizar que siguiéramos siendo rentables y seguros.

Varios años más tarde, recibí una llamada de un antiguo amigo y colega acerca de mudarme a otra empresa. En ese momento, quería a alguien para ejecutar un proyecto grande, pero sinceramente, no estaba interesado porque no me ofrecía nada nuevo, excepto un sombrero nuevo, una camisa nueva y un vehículo de empresa diferente. Así que opté por no aceptar, pero aproximadamente un año después, me llamó de nuevo. Esta vez tengo que admitir que su nueva oferta me hizo detenerme;

Me detuve a un lado de la carretera para poder escuchar lo que tenía que decir. Ben había recibido un ascenso recientemente y necesitaba a la persona adecuada para ocupar su puesto recientemente vacante como superintendente de hojas de lámina. Admito que estaba entusiasmado con la posibilidad, pero me preguntaba si todavía estaba listo para algo como esto. Finalmente, después de varias semanas de reflexión, oración, una charla con mi padre y exjefe para pedirle consejo, decidí aceptar el trabajo.

Aproximadamente trece años después, con varios artículos publicados, y anfitrión de charlas enriquecedoras en todo el país, y con más de 200 personas en mi cargo, administradores de campo, yo era el superintendente de hojas de lámina de metal de una de los más grandes contratistas mecánicos, Southland Industries. Y ya cuando creía que estaba por detenerme en la travesía de mi carrera, nuestro líder de división de acerco a mí con una nueva oportunidad aproximadamente dos años después.

Una que me ha hecho reflexionar y recordar las tantas lecciones que he aprendido a lo largo de las décadas, con respecto a la confianza, humildad y enfoque claro. Este nuevo rol me ubicó en el área de nuestra oficina y la que bromeaba refiriéndome como "esquina corporativa." Supongo que como el nuevo gerente de nuevos negocios / ejecutivo de reconstrucción, realmente la broma fue para mí. Pero como cada rol, lo he tomado muy seriamente y me he trazado metas para extenderme, aprender, y operar con veteranos con los que se encuentran a mi alrededor.

No hay semana que pase en donde me recuerdo de todo lo que he vivido y en donde me encuentro hoy. Si es realmente con toda humildad, pero también creo que ha sido parte de mi destino. Solo necesitaba abrazar mentalmente la idea, aceptar que era posible y que hacerlo funcionar para mí.

Estos siete principios son esenciales para alcanzar la meta, no importa cuál sea lo que hayas escogido como carrera, el nivel de educación, o experiencias de vida. En los siguientes capítulos, compartiré los siete principios de la mejor forma como un relato. Espero que puedas identificarte con al menos uno de ellos y que estos puedan asistirte al embarcarse en tu propia travesía en tu carrera.

PEQUEÑOS
INICIOS

CAPITULO 2

"No menosprecies los pequeños inicios."

—Zacarias 4:10 NLT

Siempre he recordado este versículo de la Biblia. Para mi captura un principio que excede la religión. Cuando es aplicado correctamente, puede ayudarle a cualquiera a mantener enfoque en una meta a largo plazo, especialmente cuando las situaciones se complican o cuando se empiezan a sentir y verse inalcanzables. El principio es simple, los inicios usualmente pequeños. Se ven y se sienten pequeños e incluso en un determinado momento se ve y se siente hasta insignificante. Nada puede ser más lejos que la verdad. Iniciando algo nuevo puede ser difícil, y típicamente empezamos en un lugar en donde necesitamos ganarnos el respeto. Quienes somos y qué encerramos en nosotros mismos es un misterio para quienes están alrededor de nosotros, y solo el tiempo demostrará lo contrario. Dicho eso, es muy fácil desmotivarse y dudar si no tenemos lo que necesitamos para ser exitosos. Nada se mueve lo suficientemente rápido, sin embargo, es parte de la prueba la habilidad para resistir la tentación de darse por vencido o tomar un atajo que no te dará las experiencias esenciales para iniciar la próxima etapa. Cuando comenzamos cualquier nueva travesía, generalmente buscamos convertirnos en algo más, alguien más significativo o alguien completamente nuevo. Esto es algo bueno y, en última instancia, nos impulsa a ser más de lo que somos hoy; sin embargo, si nos enfocamos demasiado en cuán lejos tenemos que llegar para lograr la meta, podemos desanimarnos rápidamente. Nuestras condiciones actuales tienen una forma extraña de recordarnos que no solo tenemos un largo camino por recorrer para llegar a nuestro objetivo a largo plazo, sino que también nos hará preguntarnos si realmente podemos lograrlo.

Las dudas que abarcan nuestro cerebro, las personas que no creen en nosotros o las personas viéndonos como un espejo podrían convertirse en tu peor enemigo. Para mí, esto que menciono es para cualquier persona que inicia algo nuevo.

Debemos considerar nuestros inicios como una inspiración que nos impulsa hacia nuestro destino más deseado. No podemos permitir lo que aún no hemos alcanzado u obtenido una licencia para mantenernos detrás o estancarse. Por el contrario, estas circunstancias deben ser lo que elegimos utilizar como eje para nuestra siguiente mejor opción.

Considera las muchas circunstancias que destruyen los nuevos inicios, como la pobreza, drogas, abuso, crimen, opresión racial, dudas en sí mismo, ignorancia, analfabeta, familias quebrantadas, falta de confianza en sí mismo, y oportunidades, solo por nombrar algunos. Cada uno de estos pueden darnos una razón legitima para darse por vencido o peor aún nunca no empezar en absoluto, más sin embargo tal como lo dice la escritura, " no menosprecies los pequeños inicios," porque todos debemos iniciar en algún lugar. ¡Entonces, inicia donde hoy te encuentras no importa que! Tus circunstancias no siempre se verán como ahora. Pero, a medida que avances, un día mirarás hacia atrás y te darás cuenta de lo lejos que has llegado. Reconocerás que las cosas son diferentes, que hiciste un buen progreso y que el esfuerzo está dando sus frutos.

Ahora no debes comparar tus comienzos con los de otra persona. No son iguales porque tú no eres igual a los demás. Tú eres único; eres especial y obtienes tu propio conjunto de dones, talentos y experiencias. Cada uno de nosotros tenemos nuestra propia vida para vivir, y la forma en que elegimos superar la adversidad depende totalmente de nosotros, pero si lo que has estado haciendo ha demostrado ser ineficaz, ¿no crees que podría ser el momento de probar algo diferente?

Tal vez puedes mirar hacia atrás en tu historia familiar y observar que nadie se graduó de la escuela secundaria, nadie tuvo una carrera profesional real o la mayoría de tu familia vivía en la pobreza. La pregunta es, ¿tiene que ser tu historia también, o labrarás un nuevo camino para tu futuro? Aunque el comienzo puede parecer sombrío y sentir lo mismo que ha visto toda tu vida, tus próximos pasos no tienen por qué serlo. Por el contrario, tus próximos pasos pueden ser lo que te abra la puerta a un futuro y una carrera prometedora. Solo tienes que creer que ti y no quedarte tan atrapado en cómo se ve el comienzo porque todos tenemos excusas de por qué no podemos lograr una meta, pero hoy es tu día para comenzar algo nuevo. Es hora de que comiences a desafiar las probabilidades de tu pasado y visualices un futuro mejor para ti, tu familia y tu comunidad.

Solo recuerde, todos tienen una historia y ninguno de nosotros comenzó donde estamos ahora. Tenemos que esforzarnos y no permitir que nuestros objetivos sean distorsionados por otros y nuestra falta de voluntad para "pasar" por las etapas necesarias, complejas y, a menudo, frustrantes para tener éxito.

ENCUENTRA
A UN
MENTOR

(O RELACIONATE CON PERSONAS QUE SON MAS INTELIGENTES QUE TU)

CAPITULO 3

"De vez en cuando, todos podríamos
usar una mano amiga."

—Desconocido

S i eres como muchas de las personas con las que tengo la oportunidad de hablar, tu selecto grupo de amigos no siempre te ha apoyado ni te ha dado los mejores ejemplos a seguir.

Talvez estás en la categoría que eres sujeto a pobres influencias en la mayor parte de tu vida. Lo más triste de esto es que realmente no nos damos cuenta hasta que finalmente deseamos hacer cambios para mejorar. Entonces se vuelve un poco más difícil romper estos malos hábitos que has desarrollado a lo largo de tu vida, porque no solo están en tu cara, sino que, lo que es más importante, finalmente puedes verlos por lo que son, obstáculos. Será un reto, pero son posible de superar.

Una forma de hacerlo es comenzar a relacionarse con personas que son más inteligentes que tú. Si por casualidad has sido el más inteligente de tu círculo de amigos, pero no tienes mucho que demostrar, diría que es un problema. ¿Estarías de acuerdo? La idea no tiene la intención de degradarte o denunciar tu nivel de inteligencia, pero te hace considerar otras vías que pueden aumentar potencialmente tu conciencia y experiencias. Creo firmemente en una escritura de la Biblia que dice: "Hierro con hierro se afila." En otras palabras, necesitamos rodearnos de personas que nos apoyen, nos desafíen e incluso sepan más que nosotros porque, de vez en cuando, todos necesitamos a alguien más que nos ayude a pasar al siguiente nivel. ¿Cómo puede suceder eso honestamente si constantemente vemos las mismas cosas y tenemos las mismas experiencias con las mismas personas? La respuesta es; no ocurrirá.

Una contramedida a esto es conseguir un mentor o entrenador. Un mentor o entrenador es simplemente alguien que te puede ayudar a brindar orientación, exponer tu cerebro a nuevas ideas y modelar el comportamiento que promueve el éxito. Por lo general, es alguien que ha vivido la vida que estás tratando de alcanzar. Si no puedes encontrar físicamente un ejemplo vivo que se ajuste a esta construcción en tu comunidad, intente visitar una biblioteca. Las personas que tienen algo que decir que vale la pena escuchar, normalmente lo ponen en forma de libro. Aprovecha lo que saben exponiéndote a sus palabras y experiencias. La clave es exponerse a nuevas ideas y oportunidades que te desafiarán y alentarán tu crecimiento y desarrollo. Recuerda, requerirá disciplina de tu parte. Leer un libro o visitar una biblioteca puede no haber sido siempre tu pasatiempo favorito, pero considéralo como una inversión en ti mismo y en tu futuro.

Ahora, sin duda, es más fácil quedarte donde estás, pero los resultados deberían ser tan predecibles que estas cansado de lo que sigue y harto de malas decisiones, trabajos sin salida y excusas tontas que no te llevan a ninguna parte.

Lo que es fundamental que entiendas en este capítulo es que todos necesitamos ayuda en algún momento de nuestras vidas. Aun así, supongamos que seguimos dando pasos desacertados en nuestras carreras, esfuerzos educativos o vidas personales. En ese caso, habitualmente nos encontraremos en una posición completamente desfavorable, preguntándonos qué diablos pasó y adónde se fue todo el tiempo. No te permitas ser ese hombre o mujer que mira hacia atrás décadas después sobre lo que deberías haber hecho o podrías haber hecho. Mi pregunta para ti es; ¿No estás cansado del círculo vicioso de empezar una y otra vez sin tener en mente un objetivo final factible? Si es así, busca un mentor, un entrenador, lee libros relevantes e investiga temas relevantes.

Un mentor te reta, y muy posiblemente te hará sentir incomodo, pero no te permitas sentirte intimidado por la introducción al cambio. El cambio raramente se siente cómodo al principio, pero huyendo a la primera señal de miedo o incomodidad bloqueará tu éxito. Si tus elecciones no te han llevado a la satisfacción en tu carrera, hazte un reto personal para probar un nuevo camino. ¿Vales tu o tu familia vale la pena? Los pasos hacia tu destino dependen de ti. Por lo tanto, hazlo, empieza hoy solicitando ayuda exterior. Puedes incluso sentirte en la libertad de contactarme.

DEJA DE SER VÍCTIMA

CAPITULO 4

"Tener una excusa es poseer una razón
el porqué de no lograr algo."

—Henry Nutt, III

Pregúntale a cualquiera sobre su pasado, y escucharás su historia, algunos llenos de regocijo y otros con tremendas dificultades. Para aquellos que han sufrido dificultades por largo tiempo, (eso me incluye), se vuelve inútil excusarse el porqué de no cumplir un objetivo. Perseguir y comprometerse con esfuerzos diseñados mejorar como persona, a tu familia, y a tu comunidad.

Me puedo identificar con ser una víctima en el ambiente laboral. Como un hombre de color, estoy muy familiarizado con el racismo y trato preferencial para otros en el ambiente laboral. Me recuerdo como muchas personas se burlaban en mi cara cuando estaba buscando empleo como un joven jornalero. Recuerdo a otros pasarme y recibir promociones con menos conocimientos, habilidades, y experiencia, pero conocían a alguien. Ellos tenían conexiones con los que yo no contaba. Era un tiempo en el que vivía en la mentalidad de víctima. Por lo general era la persona más joven en mi equipo, así como la persona de color. Me sentí intimidado por los años de experiencia con los que los demás tenían y con mucha facilidad podían ir resolviendo las tareas del día a día.

Usualmente, tomaba un asiento trasero cuando era el momento de dar una opinión o atender un plan de trabajo. Me sentí inadecuado conmigo mismo. Nadie tuvo que despreciarme porque yo mismo llevaba la carga como un cinturón de herramientas, fue agotador, debilitante y me prevenía experimentar cualquier tipo de éxito. Es lo que finalmente me facilitó dejar el oficio. Después de todo, dado que pasé más tiempo pensando que no tendría éxito en esta industria, ¿por qué seguir intentándolo? Esa era mi mentalidad. Ese era yo siendo víctima de mi propio conjunto de creencias y circunstancias.

En algún momento de mi travesía, aprendí que primero tenía que creer en mí mismo. ¿Por qué alguien más lo haría, si yo no puedo? Me di cuenta de que el equipaje de ser una víctima no podía coexistir con una mentalidad exitosa. Uno tenía que morir. Elegí el éxito.

Cuando hablo con posibles nuevos empleados en los programas con los que trabajo, escucho muchas historias sobre por qué el logro puede no ser posible, pero desafío a esas mismas personas a pensar por qué pueden lograrlo.

Entonces, vienes de un hogar roto, eres una inmigrante, una mujer, nueva en la industria, todavía estás aprendiendo el idioma inglés, o nunca fuiste testigo del verdadero éxito en tu familia o incluso en tu comunidad. Sin embargo, tal vez sea usted quien comience un nuevo camino y establece el ejemplo para aquellos que estén observando. Tal vez seas tu quien crea algo nuevo.

Una mentalidad de víctima siempre encontrará una excusa para llegar tarde al trabajo, no presentarse en absoluto o no seguir las instrucciones de su jefe. Asimismo, siempre habrá una razón que parezca justificada en sus mentes para desafiar a la autoridad, renunciar o simplemente no presentarse del todo psicológicamente y preparados para trabajar.

Al igual que muchos otros gerentes de oficio, busco contratar personas que lleguen a tiempo, que estén ansiosas por trabajar, abiertas a formar parte de un equipo más grande, dispuestas a aprender y que quieran trabajar duro todos los días. Parece sentido común, pero estoy aquí para decirles que, desafortunadamente, no hay nada común al respecto.

Una persona con mentalidad de víctima no puede encajar en la corriente principal de una fuerza laboral próspera porque siempre encontrará una excusa cuando no cumpla con los objetivos, difiere su responsabilidad o no encuentra soluciones. Esta mentalidad rápidamente se vuelve cansada para un líder de campo e injusta para el equipo con el que él o ella este trabajando; por lo tanto, el resultado suele ser la eliminación de la tripulación.

Si te has encontrado exhibiendo la mentalidad de víctima, reconoce que esta mentalidad conduce a la decepción para ti y tu empleador, incluso si las circunstancias son genuinamente injustas. Serás el primero en ser eliminado de un equipo que se esfuerza por mejorar. Aquellos que se comportan como víctimas son agotadores y necesitan un mantenimiento que minimice su valor para el equipo. Entonces no te conviertas en esa persona. Deja de poner excusas por lo que no sabes o por qué no has alcanzado una meta. Mientras estés vivo, todavía hay tiempo para llegar allí.

Mírate en el espejo de tu propia vida y di: "¡Este nuevo día comienza conmigo!" El pasado es el pasado. Es un nuevo día lleno de oportunidades, ¡y ya es hora de que empiece a caminar en él!

Entonces, si esta es un área en la que necesitas ayuda, el primer paso para mejorar es darse cuenta de que tienes un problema. El siguiente paso es buscar ayuda sobre cómo rectificarlo. Es posible que la solución no ocurra de la noche a la mañana, pero comienza en la dirección correcta cuando comienzas a abordarla de frente. El próximo paso sería comenzar a implementar prácticas basadas en la nueva información que se descubrió.

No tengo la intención de simplificar en exceso ningún problema o lucha que alguien tenga en la vida ni de proponer un enfoque integral que lo cure todo, sin embargo, si deseas tener éxito en el negocio de la construcción, debes de tener tu expresión con determinación cada día. Estamos altamente compensados y nuestros empleadores necesitan ver nuestro aprecio por las oportunidades que brindan, trayendo nuestro "A-Game" como se dice en inglés, que significa nuestra optima disposición todos los días. Cualquier cosa menos es inaceptable. Así que deja de verte a ti mismo como una víctima de cualquier cosa o persona y trabaja en formas de empoderarte con lo que necesitas para superar cada situación que experimentes. Piensa en un desafío como tu oportunidad de brillar.

TRABAJA DURO Y SIEMPRE HAZ TU MEJOR ESFUERZO

CAPITULO 5

"Al final del día, nada reemplazará el trabajo duro y nunca elegirás hacer lo mejor que puedas hacer sí solo está trabajando por un cheque de pago."

—HENRY NUTT, III

Trabajando duro parece ser un arte perdido con muchas personas en estos días. Buscamos elogios por hacer las cosas más simples a veces. Esta mentalidad sin duda hará corto circuito tu trayectoria profesional en la industria de la construcción y cualquier otra industria para el caso. Si quieres tener éxito, venir a trabajar debe ser sobre el trabajo y solo por venir a trabajar.

Los elogios, y promociones llegarán a su debido tiempo. Cuando tu enfoque se centra en realizar la tarea de la manera más eficiente y segura, así estarás en el camino al éxito.

Cuando era niño, mi padre siempre me tenía haciendo algo que implicaba trabajo. Ya sea que estuviera haciendo los quehaceres dentro de la casa, quitando las malas hierbas en el jardín delantero o viéndolo cambiar el aceite o los frenos en el automóvil familiar. Aprendí muy temprano que trabajar duro era no solo necesario sino esencial para mantener una buena y equilibrada vida. Todos los días veía a mi padre ir a trabajar; a veces, tenía más de un trabajo. Se despertaba temprano todos los días y siempre aparecía sin excusa. No tenía idea de cómo observar esto se volvería tan críticamente importante más adelante en mi vida y su influencia en mi carrera. Me estaba dando una herramienta invaluable que resultaría ser la piedra angular de mi éxito, lo que se conoce como "ética de trabajo." Entonces, ¿qué es la ética de trabajo, te preguntarás? Bueno, vamos a desglosarlo.

Según el diccionario Webster, "trabajo" se define como—Ejercicio de fuerza o facultades; esfuerzo físico o intelectual dirigido a un fin; actividad industrial; esfuerzo; empleo; a veces, específicamente, trabajo físico.

No pretendo ser psicólogo o lingüista. Aun así, cuando combino las dos definiciones, definiría la ética laboral es como un conjunto de principios que rigen cómo uno ve lo que es aceptable o apropiado cuando se trata de ser empleado, realizar una tarea o realizar un trabajo para un empleador.

Una vez más, ver a mi padre ir a trabajar todos los días hizo algo en mi psique, así que a medida que crecí, quedarme en la cama hasta tarde los fines de semana o no participar de los quehaceres familiares no era una opción para mí.

Por supuesto, a todos nos encanta dormir hasta tarde de vez en cuando, pero practicar eso no era la norma mientras crecía. Este patrón se convirtió en parte de mi ADN, directamente ligado a mis experiencias como niño. Tu ética de trabajo establecerá cómo elijas participar y seguir tu carrera. Ya sea en los oficios, la universidad o cualquier otra línea de negocio, piénsalo así.

¿Hasta dónde puedes lanzar una piedra? Imagina que esa piedra que has lanzado es tu objetivo. Tu ética de trabajo te ayudará a alcanzar la roca en línea recta (que es la distancia más corta) o te hará moverte en círculos debido a un sinfín de distracciones y obstáculos. Sin una excelente ética de trabajo, echaremos a perder nuestra reputación y no alcanzaremos nuestros objetivos.

Caso en punto. Cuando era aprendiz de primer año, iba a la escuela dos veces por semana de 7:30 p. m. a 10:00 p. m. Eso significaba que después de trabajar ocho horas en algún lugar del Área de la Bahía, tenía que viajar a la escuela, ocuparme durante varias horas porque estaba demasiado lejos para conducir a casa y regresar a tiempo. Por lo general, compraba comida y tomaba una siesta en mi automóvil hasta que comenzaba la clase. Una vez que la clase terminaba a las 10:00 p. m., normalmente llegaba a casa alrededor de las 10:45 p. m. Me duchaba y me acostaba, solo para levantarme a la mañana siguiente alrededor de las 4:30 a.m. para llegar al trabajo a tiempo (generalmente con 30 minutos de sobra).

Hice esto en algún nivel durante todo mi aprendizaje; aunque mis horarios de clase finalmente cambiaron después del primer año, seguía siendo un desafío. El punto es que, si mi ética de trabajo no se alineaba con las expectativas asignadas para el trabajo y la escuela, no lo habría logrado con éxito. En cambio, habría encontrado excusas o razones para justificar por qué era simplemente demasiado difícil, lo que habría resultado en que me rindiera prematuramente como lo han hecho muchas personas que conozco.

Algunos estudiantes con los que me encontré habían estado en su aprendizaje durante más de siete años, sin embargo, todavía eran técnicamente solo aprendices de segundo o tercer año de acuerdo con las horas reales de su educación. No sé por qué ocurría esto, pero me imagino que la falta de ética de trabajo en el salón de clases contribuyó. Como resultado, lucharon y fracasaron en el programa en lugar de buscar la ayuda que necesitaban para tener éxito.

Tu ética de trabajo es fundamental para el éxito, y si la tuya tiene un historial de deprimirte, es hora de cambiarla.

Una vez que comencé a trabajar, nunca perdí un día. No importaba si estaba enfermo o no. Aparecí todos los días, listo para dedicar mis ocho horas a mi equipo. Algo en mí sentía que los estaría defraudando si no estaba allí en un día en particular por cualquier motivo. Me veía a mí mismo como parte de un equipo más grande, y no importaba si estaba barriendo un piso, sellando conductos o recogiendo material; alguien contó conmigo para realizar esa tarea, y no podía defraudarlos faltando ningún día. Presentarme era la única opción, como aprendí de mi padre.

Nada reemplazará el trabajo arduo ni lo sustituirá, el trabajo arduo puede compensar otras habilidades de las que puedas carecer. Por ejemplo, cuando comencé en el oficio, no tenía experiencia en las hojas de lámina de metal. Fui uno de los primeros en llegar al trabajo y siempre uno de los últimos en irme. Realicé mi tarea y traté de anticipar el siguiente movimiento de mi oficial.

Pude compensar lo que no sabía trabajando más duro. A veces, esto vino en la forma de estudiar más tiempo para mis clases, pedir ayuda adicional a mis instructores o jornaleros, y siempre dar el 110% en el trabajo.

A medida que adquiría experiencia trabajando con otros jornaleros, me di cuenta de que, si siempre lo daba todo, hacía preguntas si no entendía algo y decía: "Sí señor, no señor" a las instrucciones que me daban, tendría éxito. No siempre fui el aprendiz más inteligente en el lugar de trabajo, pero mis colegas no podían igualar mi ética de trabajo. Superé a los demás simplemente trabajando duro, y no rindiéndome, y adivina qué, ¡funcionó!

Aprendí que incluso el jornalero más cascarrabias estaría dispuesto a transmitir habilidades esenciales y trucos del oficio a alguien que mostrara esfuerzo. Recuerdo muchas veces durante mi aprendizaje en las que tuve diferentes oficiales que me tomaron bajo sus alas y me mostraron lo que sabían. Uno, en particular, gritaba cosas como: "Necesito un hombre mayor." Por supuesto, dado que solo tenía 19 años cuando entré en el oficio, generalmente era el más joven de mi equipo, constantemente se burlaban de mí, pero lo tomé con calma y lo aproveché al máximo.

Tipos como Virgil (un oficial profesional experimentado) me ayudaron a comprender lo que se debe y no se debe hacer en el negocio, y siempre estaba tomando notas mentales. Observé cómo interactuaba con sus colegas y otros socios del oficio, tomé nota de que personas les daban de baja y por qué. Algunas veces él y otros me enseñaban cosas que no debía hacer como trabajador, usualmente aprendía por pura observación.

Otra gran cosa que sucede detrás de escena mientras trabajas duro es la reputación que estás construyendo con tu equipo. Como aprenderás muy rápidamente, la industria de la construcción es una comunidad relativamente pequeña, y llegarás tan lejos como tu reputación te lleve.

Si tu reputación se establece como un aprendiz perezoso y poco confiable, ¿adivina qué? Será difícil cambiar esa reputación una vez que te conviertas en un oficial de pleno derecho. Tu reputación te seguirá y obstaculizará o promoverá tu carrera. Piensa en eso en cada trabajo que realices.

Cuando ingreses a la fuerza laboral, nunca te compares con nadie. Sí, siempre habrá competencia, y alguien está esperando y dispuesto a tomar tu trabajo. Aun así, si adquieres la disciplina de trabajar diligente y eventualmente agrega las herramientas y el conocimiento necesarios, tu única competencia será contigo mismo. Por lo tanto, no te conviertas en tu propio peor enemigo eligiendo no trabajar con seriedad o poniendo excusas sobre por qué no se cumplió o no se puede cumplir con una tarea.

"Da lo mejor de ti" es una frase que escuché a menudo mientras crecía en mi hogar. Aun así, no doy por sentado que la mayoría de los hogares reciben esa instrucción, así que toma la información que estoy te compartiendo como una herramienta esencial para tener éxito con tus elecciones para tu futuro.

AMA LO QUE HACES, O AL MENOS LO QUE TE GUSTE BASTANTE

CAPITULO 6

"Cuando amas lo que haces, nunca trabajarás un día en tu vida."

—Confucio

onozco a tanta gente que simplemente vive para el fin de semana. Se trata de la noche del viernes y el resto de la semana es un borrón o simplemente el tiempo y el espacio que se deben soportar. ¡Qué triste es esa vida! Piénsalo. Pasaremos la mayor parte de nuestras vidas trabajando en algún lugar, al menos que esperes recibir una herencia importante de la familia o ganar la lotería. ¿No sería agradable si disfrutaras de cómo vas a pasar la mayor parte de tu vida? Quiero decir, son solo cuarenta horas por semana, cincuenta y dos semanas por año, menos dos semanas de vacaciones, durante aproximadamente veinticinco o treinta años. ¿Quién o qué más obtendrá tanto tiempo de tu vida? La respuesta es, nadie, ni siquiera nuestros cónyuges, hijos o mejores amigos. Por lo tanto, nos corresponde pensar largo y tendido sobre las opciones que se ofrecen para elegir nuestras trayectorias profesionales. Lamentablemente, algunos no tienen opciones debido a las circunstancias de la vida, pero si estás en el bote de las personas que sí tienen opciones, haz que cuenten. ¡Solo impactarás el resto de tu vida con tu decisión!

Durante los últimos años, he visitado diferentes organizaciones compartiendo Siete principios. Trato de alentar a los estudiantes y clientes a considerar las opciones que tienen ante ellos. Los reto a pensar en las experiencias que han vivido y las pasiones que han desarrollado a lo largo de sus vidas. No es casualidad que cada uno de nosotros tenga delicias específicas y que poseamos un conjunto único de dones y talentos. Es casi criminal si nunca elegimos ejercer estos talentos y dones en nuestras comunidades o esferas de influencia.

Entiendo que ciertas circunstancias de la vida no siempre nos dan la opción de elegir dónde trabajaremos inicialmente; sin embargo, todos tenemos que empezar en alguna parte.

La clave es a dónde llegamos finalmente. Entonces, ¿qué pasa si comienzas cavando zanjas o dirigiendo el tráfico durante ocho horas al día? La pregunta es si deseas más para ti mismo, ¿terminarás donde comenzaste o aprovecharás la oportunidad para ampliar tus opciones a algo más gratificante y lucrativo?

Hacer el trabajo que amamos tiene muchos beneficios. No solo te destacarás en lo que haces para ganarte la vida, sino que los demás se darán cuenta y quedarán impresionados por la forma en que eliges participar en tus tareas diarias. La actitud que exudas e incluso tu vibración se volverán contagiosas, y las que influyan en tu permanencia estarán tomando nota de ti. Nadie quiere trabajar con alguien que tiene un comportamiento cubierto de nubes grises y negatividad. Todos hemos escuchado la expresión, "Analiza tu actitud antes de entrar," que es casi imposible de hacer cuando odias tu trabajo. Claro, puedes fingir por un tiempo, pero ¿puedes hacerlo durante veinticinco o treinta años? Mi conjetura es no.

Las estadísticas reflejan que más del cincuenta por ciento de las personas que trabajan hoy en día no disfrutan de su trabajo. No es de extrañar que tantas personas sean hostiles durante las horas de tráfico, tengan mal genio y simplemente no sean personas muy agradables para pasar el rato o trabajar. Mi consejo es que no te conviertas en esa persona.

Si está reiniciando tu carrera, es de esperar que estés aquí no solo porque tienes facturas que pagar. Las elecciones específicas que estás haciendo con respecto a tu vida laboral tienen que ver con la pasión que posees por el trabajo en sí y el disfrute que te brinda. Para algunos, puede tomar varios intentos en diferentes posiciones para descubrir cuál es esa pasión para ti.

Aunque mi puesto a menudo puede volverse estresante e incluir trabajar muchas horas, realmente disfruto lo que hago.

Salgo de mi oficina o lugar de trabajo con una sensación de logro la mayoría de las veces.

Esto en sí mismo es gratificante y en realidad es como agregar combustible a mi tanque. Sin duda, tuve que pasar un período difícil durante las primeras fases, y todavía cometo errores en el camino, pero estoy mejorando. No por casualidad o coincidencia, sino porque deseo mejorar, por lo que soy deliberado sobre mi crecimiento y desarrollo. Eso es lo que haces y lo que pareces cuando amas tu trabajo, o al menos te gusta mucho.

APRENDE PARA DONDE TE DIRIGES DESDE AQUÍ? RENDE A SEGUIR PRIMERO

CAPITULO 7

*"Todo gran líder primero tuvo que aprender a seguir a
alguien más primero."*

—D<small>ESCONOCIDO</small>

Recuerdo mis primeras semanas en Southland Industries.
Tuve la oportunidad de asistir a una capacitación llamada
"Equipo de Proyecto." Ciertos empleados se reunieron
para aprender sobre la historia de la empresa, los valores
fundamentales de la empresa, el desarrollo del liderazgo y para
conocer al equipo de liderazgo ejecutivo. Los empleados
experimentaron alrededor de cuatro días de intensas sesiones
educativas y conocieron a otros colegas. Recuerdo una clase
específica con uno de nuestros vicepresidentes (Víctor Sanvido).
Él planteó esta pregunta a la clase: "¿Qué es lo que necesitan
todos los líderes?" Pensé por un segundo y me dije a mí mismo:
"Sé la respuesta a esta pregunta." Ahora sé que lo decente es
levantar la mano, pero admito que solté la palabra "seguidores."

Víctor estuvo de acuerdo de inmediato, y mi autoconfianza se elevó en ese momento.

Entonces, ¿cuál es el problema de que alguien siga a alguien de todos modos? Bueno, piensa en lo esencial que es el liderazgo en la vida y en el lugar de trabajo. Por lo general, hay caos cuando no hay liderazgo, e igualmente, cuando existe un liderazgo deficiente, generalmente hay personas que se desvían, lo que en última instancia conducirá a la confusión. ¿Alguna vez has seguido a un líder pobre a sabiendas o sin saberlo? La mayoría de nosotros podemos recordar el desorden que creó, por ello la importancia del liderazgo, el buen liderazgo para ser específicos es esencial para cualquier grupo u organización.

Uno de los primeros lugares para comenzar tu viaje para ser un líder digno de ser seguido es seguir a otro gran líder. Esta persona puede no ser prominente o famosa, pero si tiende a ser una persona de palabra, tiene buenas intenciones y persigue una causa digna, comienza con ella. Por supuesto, para muchos, la mera idea de hacer esto (seguir a otra persona) violará todo lo que entiendes y defiendes, pero recuerda que se trata de tomar nuevas decisiones y tomar una nueva dirección en tu carrera, por lo que el orgullo no puede ser parte de la ecuación.

Lo creas o no, muchos líderes en los oficios están esperando y dispuestos a enseñarte sus habilidades, pero primero deben reconocer algo en ti. Algo digno de su tiempo y esfuerzo. ¿Serás notable? Aquí hay algunas maneras en que puedes lograr esto:

1. **Aprende el arte de decir, "sí señor, no señor."** Este no es un mandato para besarle el trasero a su jefe, pero acostúmbrate a tomar y recibir instrucciones de personas que tienen autoridad sobre ti sin agregar comentarios adicionales. Si puedes sentirte cómodo sometiendo el control, mordiéndote la lengua (a veces) y tomando la dirección, superarás a muchos otros en este negocio que luchan solo con esto.

2. **Llega siempre a tiempo y está listo para ir a trabajar y aprender.** La simple tarea de presentarse antes de comenzar con una actitud que declara: "Estoy listo para trabajar y aprender" es esencial para el éxito en este negocio. Entonces, para ser aún más específicos, si la hora de inicio es a las 7:00 a.m., debes llegar al sitio al menos veinte minutos antes. Esto te dará tiempo para prepararte para el día a un ritmo cómodo y te

garantizo que tu jefe también tomará nota de tu puntualidad. En el extremo opuesto del espectro, piensa en esa persona que llega tarde y sin preparación al lugar de trabajo. Todos tenemos una opinión sobre él o ella. No seas esa persona.

3. **Dale a tu supervisor una razón para invertir en ti.** Como mencioné anteriormente, muchos líderes actuales están dispuestos y son capaces de invertir en otros, pero lo último que queremos hacer es perder el tiempo con alguien que demuestra no ser indigno de nuestro tiempo y esfuerzo. Y un pequeño secreto, podemos identificar a esta persona dentro de los primeros cinco minutos de trabajar contigo, así que no lo arruines ni pienses que puedes disfrazar tu ser genuino. Veremos tu verdadero yo.

4. **Trabaja para hacer el trabajo, no para ganar un cheque de pago.** Muchos empleados olvidan que el propósito del trabajo es primero hacer un trabajo por el que finalmente se le compensará después. En algún punto del

camino, la mentalidad ha cambiado en la fuerza laboral actual. A menudo existe una expectativa de privilegio con el puesto sin una comprensión adecuada de la responsabilidad que se tiene. La mentalidad de "vivir para el fin de semana" debe morir cuando comienzas a esforzarte por obtener una carrera, pero sigue repitiendo las mismas acciones si solo quieres un trabajo.

Si puedes agregar una mentalidad de "trabajar primero," ser un jugador de equipo y seguir instrucciones sensatas y seguras, te prepararás para el éxito en tu carrera profesional.

CONVERTIRSE EN UN ACTIVO VERSUS UN PASIVO

CAPITULO 8

"Vive como si entendieras tu valor, y los demás también comenzarán a hacerlo."

La diferencia entre ser un activo en un equipo y ser un pasivo es que tú te encontrarás empleado la mayoría de las veces, mientras que los demás se preguntarán por qué él o ella está constantemente desempleados.

Cuanto antes puedas comprender completamente el valor que aportas un equipo, antes podrás convertirte en parte de ese equipo a largo plazo. Como mencioné en capítulos anteriores, rara vez se te pedirá que te desempeñes más allá de tu capacidad o conocimiento esperados. Solo queremos que te presentes (a tiempo), trabajes duro, hagas lo que se te indica y estés dispuesto a aprender algo nuevo.

La mejor manera de comprender este punto es observar cualquier deporte de equipo. Por ejemplo; en el fútbol, cada jugador tiene un papel, desde el quarterback de campo hasta la persona que se asegura de que los jugadores se mantengan hidratados. Cuando uno de los miembros no cumple con sus funciones específicas, responsabilidades, todo el equipo sufrirá. Si puedes comenzar a reconocer la tarea particular que tienes

como empleado, ya sea aparentemente servil o importante, ante tu empleador, gerente o capataz lo verá como un activo para la tripulación.

Cuando contribuyes a tu equipo, la parte que se supone que debes aportar, todos lo notarán y comenzarán a verte como un jugador esencial. Te recomendarán a otros y tu reputación comenzará a crecer. Eso es lo que me pasó.

Trabajé duro todos los días. Algunos días mi trabajo parecía tranquilo y otros días era desafiante, pero todos los días me presentaba y daba el 110%. Como resultado, todos sabían que no solo podían contar conmigo para llegar a tiempo con una gran actitud, sino que podían contar conmigo para hacer mi trabajo con excelencia, diligencia y seguridad.

Cuanto mejor conozcas tu trabajo, tus funciones principales y tu propósito, más rápido mejorarás y serás reconocido por ello. Este es el tipo de mentalidad que se nota, reconoce y promueve. No requiere besarle el trasero a nadie o violar las reglas, solo trabajo duro. No es ciencia espacial. Simplemente necesitas comprometerte con el esfuerzo y nunca darte por vencido.

HACIA DÓNDE TE DIRIGES DESDE AQUÍ?

CAPITULO 9

C uáles son los siguientes pasos después de leer un libro breve como este y cómo aplicas las lecciones, las historias y la sabiduría para que todo encaje?

Bueno, primero espero que comprendas que no existen fórmulas mágicas, métodos o soluciones rápidos. Nada puede reemplazar el trabajo arduo, la dedicación y el compromiso con una causa digna. En este caso, la causa es tu carrera, y primero debes creer que vale la pena todo tu esfuerzo. ¿Cuánto vale para ti?

Para mí, significó todo, y no cambiaría un aspecto de mi travesía. Los pasos me enseñaron lecciones, sobre todo las duras, y aunque muchas de ellas bordeaban la línea del maltrato, aprendí a sobrevivir en este negocio y a sobreponerme incluso cuando las cosas no iban bien.

Una vez que comprendas lo que estás persiguiendo, debes eliminar la duda y la noción de darte por vencido o querer renunciar de tu vocabulario. El trabajo será el trabajo si eso tiene sentido. Y no, no será fácil.

Entonces, si no tomas nada más de este libro, toma esto; tu eres y siempre serás un componente importante para una fuerza laboral destacada.

Incluso a medida que cambia la tecnología, independientemente de cómo realicemos nuestras tareas diarias, aún requiere que tú y yo trabajemos con otros. El trabajo requiere nuestras manos y mentes para resolver problemas de manera creativa, una visión reflexiva para eliminar obstáculos, colaboración para aumentar la sinergia y el conjunto de habilidades para desempeñarse a un alto nivel. Si debes reinventarte o volver a capacitarte para un nuevo tipo de rol, concéntrate en permanecer en la cima de tu juego. Aprovecha, la capacitación esencial y adhiérete a los siete principios mencionados en este libro. Al hacerlo, te colocará en una posición para mantener la longevidad en un negocio a menudo cíclico, altamente sesgado y, a veces, injusto.

Descubre qué oficio o carrera te interesa y obtén toda la información que puedas al respecto. Habla con amigos, parientes, vecinos o ve a la biblioteca local hasta que comprendas lo suficiente para tomar una decisión informada. Una vez allí, no queda más que hacer, que hacerlo. Persigue la misión con todas tus fuerzas y voluntad hasta lograr tu objetivo.

No será fácil de lograr, ni ocurrirá de la noche a la mañana, pero nada que realmente valga la pena sucede rápidamente, ¿verdad? Así que comprométete contigo mismo, comprométete con la misión y comprométete con los pasos necesarios para llegar allí, y lo harás.

A dónde vas desde aquí es un destino con tu nombre. Una carrera que no solo te permitirá mantener a tu familia, sino que también te permitirá identificar, desarrollar y utilizar una habilidad que tal vez ni siquiera sabías que existía. Continúa perfeccionándolo y observa cómo se abren las puertas. Nunca te conformes y te vuelvas complaciente con los pequeños éxitos.

Son geniales, así que celébralos, pero sigue trabajando para alcanzar el llamado superior de tu vida. Busca lograr más de lo que tu mente puede comprender sometiéndote a ti mismo y conectándote con personas inteligentes que te pongan viento en popa, ya sea directamente o a través de un gran libro, como se menciona en el Capítulo 3.

El resto depende de ti. ¡Ahora ve y tómalo!

SIETE

CITAS ÚTILES

1. Comienza donde estás;
   "El viaje de 1,000 millas comienza con un solo paso."

   —Lao Tse

2. Consiga un mentor;
   "Dime y lo olvidaré. Muéstrame y puedo recordar, involúcrame y aprendo."

   —Benjamin Franklin

3. Negarse a ser víctima;
   "A veces, cuando estás en un lugar oscuro, crees que te han enterrado; pero en realidad has sido plantado."

   —Christine Caín

4. Trabaja duro;

   "Si quieres algo que nunca tuviste, tienes que hacer algo que nunca has hecho."

   —Thomas Jefferson

5. Ama lo que haces;

   "Si crees que la paz y la felicidad están en otro lugar y corres tras ellas, nunca llegarás."

   —Thich Nhat Hanh

6. Aprende a seguir;

   "Escuchar y callar se escriben con las mismas letras."

   —Autor desconocido

7. Conocer la diferencia entre ser un pasivo y un activo;

   "Tú eres el cielo, todo lo demás es el clima."

   —Pema Chodron

RECONOCIMIENTOS

Escribir este libro me ha llevado muchos años y mi carrera ha dado muchos giros desde el principio. Sin embargo, nada de esto podría haber sido posible sin el aliento, creencia en mi capacidad, oportunidades y motivación de varias personas clave a lo largo de las diferentes etapas de mi vida y carrera.

Primero, para mi padre, nunca me hubiera dedicado a los oficios sin ti, pero lo más importante, enseñarme cómo ser responsable y brindar ejemplos de cómo se ve en la vida real. Estaré eternamente agradecido.

A mi maravillosa madre. Gracias por creer siempre en mí y animarme en el camino. Sus palabras y su confianza en mí siempre se sentirán como en casa. Te amo tanto.

Mike O'Riley, el primer líder de campo que me dio una oportunidad. No estoy seguro de lo que viste en mí hace tantos años, pero me diste una oportunidad, y fue contigo que mi trabajo se convirtió en una carrera. Gracias desde el fondo de mi corazón. Tu confianza en mí y tus bromas siempre hicieron que el trabajo fuera divertido. Espero que sigas disfrutando de la jubilación.

Al difunto Raúl Guerrero, que en paz descanse. Fuiste un amigo y también me diste una oportunidad que finalmente dio forma a mi carrera. Fue bajo su tutela que desarrollé las habilidades de un capataz general. Estaré eternamente agradecido por la oportunidad que me diste que fue tan prolífica y clave para mi desarrollo.

Para el difunto Johnnie Gooch, que descanse en paz. Aunque nunca tuve la oportunidad de trabajar para ti o contigo, te vi. Fuiste el primer hombre negro que vi en una capacidad de liderazgo y muy respetado por sus compañeros en los oficios. Eso me causó una impresión tan significativa y me permitió tener la confianza de que también me podría pasar a mí. Gracias.

Ben Rivera, fuiste tú quien me persiguió durante casi dos años para que viniera a Southland Industries. Reconozco que tenías que creer en mí y respaldar esa creencia y, a menudo, ir a pelear por mí, incluso cuando no lo sabía. Les agradezco su confianza en mí y la amistad que perdura hasta el día de hoy.

Víctor Sanvido, mi mentor y entrenador, agradezco que siempre me respaldes y demuestres un liderazgo auténtico.

SOBRE EL AUTOR

Henry Nutt III escribió *Siete Principios: Creando tu éxito en la industria de la construcción* para proporcionar los pasos básicos para ayudar a cualquier persona a navegar con éxito los programas de nivel de entrada o de preaprendizaje dentro de los diversos oficios vocacionales y explicar cómo mantener el éxito en los años venideros. Ha atravesado personalmente los pasos y se identifica plenamente con muchas de las luchas, dificultades y obstáculos que enfrentó en esta etapa de su carrera profesional dentro de la industria de la construcción. Y aunque no dice saberlo todo, lo que sabe ayudará a arrojar un rayo de luz sobre qué pasos tomar (o no) para triunfar en este negocio. Henry ha trabajado en el Sindicato de Chapa Metálica (Local 104) desde octubre de 1987. Ha pasado de ser un preaprendiz a un superintendente general de chapa metálica y ahora a un ejecutivo de preconstrucción. Actualmente trabaja para Southland Industries desde mayo de

2007, ha dirigido a más de 200 empleados en varios proyectos en el área metropolitana de la bahía en Northern California. Ha manejado aproximadamente $1.5 billones en proyectos de construcción durante su mandato como superintendente general. Henry es un firme defensor de la diversidad, la equidad y la inclusión al crear oportunidades para una amplia gama de personas. Trabaja junto con varias organizaciones para apoyar iniciativas y programas que educan y ayudan a otros a navegar con éxito en el empleo en la industria de la construcción. En este sentido, ha trabajado con organizaciones y programas como The Associated General Contractor of America (AGC), CityBuild of San Francisco, America Works, BUILD, More Than Magic y My Brother's Keeper Initiative con la Alcaldía de San Francisco.

Henry es el presidente actual del Comité Directivo Nacional de Diversidad e Inclusión de Contratistas Generales Asociados de América. La función principal del comité permite a los miembros de AGC conectarse y mantenerse al día con los últimos desarrollos de diversidad e inclusión en la construcción y crear e impulsar iniciativas asociadas. Él y su familia residen en el norte de California.

www.ingramcontent.com/pod-product-compliance
Lightning Source LLC
Chambersburg PA
CBHW051545120626
46551CB00013B/1373